Kalles kalas kostade kulor

Kalles kalas kostade kulor

Ordbruk i 28 varierande variationer

ORDBRUKARE AGAR

FSC
www.fsc.org
MIX
Papper från ansvarsfulla källor
Paper from responsible sources
FSC® C105338

Förlag: BoD – Books on Demand, Stockholm, Sverige

Tryck: BoD – Books on Demand, Norderstedt, Tyskland

ISBN: 978-91-8027-664-1

«Alfabetets användning anar aporna aldrig.»

Alf Henrikson

Några frågor du vill få svar på:

Varför gjorde Aina attentat?
Vad gjorde Putin i Pålsboda?
Vad tyckte kulturministern om Kalles kalas?
Hur framgångsrik var överstens övning?
Vart tog spoven vägen?
Vad gjorde bulldoggen i brudens säng?

A

Apladalens alerta ambulanspersonal arrangerade afterwork. Arbetet avstängdes, alarmcentralen avbröts. Ansvarslöst attentat. Alla anlände artiga, avspända. Allt ambitiöst anordnat av Anna. Altanen angenämt anpassad. Alla applåderade Annas attraktioner. Aperitifen avsmuttades angenämt. Alla avsmakade anrättningarna allteftersom: anka, avokado, ananas. Angenäma anrättningar avnjöts andäktigt. Alkoholvarianterna avnjöts ansvarsfullt. Allsång anordnades, applåderade Arholmavalsen, Aspåkerspolska. Annas Afganhund angenämt avhållen av alla. Aftonen attraktiv ansåg alla, avkopplande. Aftonfalken angör apeln, avsmakar astrakaner. Alla ansåg aktiviteten angenäm.

Ansvarskännande allmänhet anmälde attentatet, absolut absurt. Avslutning anbefalldes, Ansvarsnämnden aviserade allas avsked. Absolutisten Adrian anade anhopning av ambulansutryckningar. Aktuelltproducenten avbröt aftonsändning. Aftonbladet anade atomeffekt. Allers avvaktade astrologisk analys. Anna ansåg aftonen affekterad av andra. Anna anmodade akutläkaren anskaffa alvedon. Ambulansföraren Aina avsmakade apelsinjos athome, ansträngd, antog absolution. Aina ansåg aktionen användbar, aktualiserade arbetets alltomfattande angelägenhet.

B

Byarums bybor Bachelor Börje, barnmorskan Beata bjöd bröllopsfest. Bjöd bekanta brevledes. Brodern Bertil bakade bullar. Bistron «Bästa Bordet» bjöd bordets berömda buffé. Bäst: bruna bönor. Bu!!! Bubbelglasets Bollinger bättrade betyget betydligt. Bröstkarameller bjöds brett.

Biskopen betonade beredvilligt bröllopets betydelse. Bruden blev berörd, brudgummen bleknade. Brudkyssen blöt. Brudgåvorna blev: blommor buntvis, böckerna «Bränt barn, «Bröllopsbesvär». Barnen busade, bubblade blåbärssaft, Bröllopsgästerna blev belåtna, briljant. Borden bars bort. Brudvalsen «Brännö Brygga» började, böljande blåa bastoner. Bröllopsgästerna buggade, brädgolvet bågnade. Brudgummen bjöd brännvin. Bröllopsfesten bröts bitvis. Beatas bulldogg beslagtog brudsängen, belåten, betittad, beundrad. Bars bort, bjöds bröllopssmat. Bröllopsresan: betald biljett bortåt Bali.

Beata besökte BB, Börje beskådade bedårande baby. Beräknade bakåt. Bravo! Bröllopsnatten! Bravo!

Beata beundrade Brushanens brunspräckliga breda bröst. Björktrastens bastanta björk bugade. Bofinken byggde bo, båda beundrade biologiska bedrifter.

C

Charlottenlunds celebra cineaster cirkelstuderade. Crosby, Charlie Chaplin citerades, Claudia Cardinale, Claudette Colbert charmade. Champagne, cigaretter cirkulerade. Crazy conferens. Covidsmittans cirkulation central, chockerande.

D

Doroteas driftiga dotter Dorotea döpte dottern. Dopfest, dussintals deltagare. Domkyrkan dög definitivt. Duggregn den dagen. Dopfunten detaljrikt dekorerad. Domprosten ditkallad, döpte dunungen direkt: Diana, ditt dopnamn. Duktig dopförrättare, designade dessutom dopbrevet. Dopgåvan: diadem. Drällduk dolde bordet, detta dukades delikat: dessutom dracks druvsaft. Dopgästerna dansade. Diakonissan diskade. Domprosten deklamerade Dickens. Däkan diade, droppade dessutom. Debuten, dundersuccé dundrade Dorotea. Deltagarna diskuterade dubblettens debut. Dorotea dolde dock detta.

Domherrarna delade deltagarnas delaktighet. Duvorna dejtade. Dovhjortar, dejliga djurfamiljen, diggade dungen därute.

E

Ekonomen Evald, elegant ekiperad, erbjöd ett enastående event. Endast examinerade, erfarna ekonomer erhöll entrébiljett. Endast enkla ekoodlade endiver erbjöds. Enbärsdricka, en euro extra. Egendomligt evenemang. Egoist, erinrade ekonomerna. Energiskt erinrade Evald: entusiasm, elegans, energi ersätter extravaganser.

Ekonomiplanering erbjuder expansion, extraförtjänster eller eget eländes elände?

Ekonomikonsulter experimenterar externt, extremt. Ekonomiministern eluderar, Ekobrottsmyndigheten expanderar. Ekot ekonomirapporterar, exemplifierar. Egnahemspriserna exploderar.

Ekorrar experimenterar ej, endast ekologiska ekollon erbjuds. Ekoxen erövrar ekens ekobark energiskt.

F

Föreningen För Förnäma Föräldrar från Fredrika firade femtioårsjubileum. Fru Fredrika fixade festen förträffligt. Följande festmat fanns: friterat fläsk, fjällade fiskar, frysta fikon, Fungerade fenomenalt. Flaskornas formidabelt fina fyllningar försvann fort, fyllda för finsmakare. Föreningsmedlemmarna fröjdades för fullt. Fiolmusikern Filip framförde frenetiskt frisk foxtrot. Filmen Farliga förbindelser förevisades. Festdeltagarna flämtade, frustade. Fänrik Fransson fes, förmodligen frivilligt. Flickan Fanny fångade flugor för fröjd. Festen förlöpte fint för flertalet. Föreståndaren framhöll föreningens fundamentala framgångar. Föreningsmedlemmarnas förmögenheter femfaldigats. Förfiningen fortsatte förmodligen.

Finkarnas flitiga flygande fascinerade, fängslande fåglar från fönstret. Festdeltagarna fyllde fåglarnas fröbord. Flugsnapparen fångade flugor för födan.

IIIIIIIIIIIIIIIIIIIIIIIIIIIII

G

Grabbarna Göran, Gösta gillade gille. Gröna granar, glada grannar garnerade gårdsplanen. Göken gol glatt. Gångar grusades, gjordes gångbara. Gillets gäster gillade gårdens gröna gräs. Godkänd grisfest grundlades grundligt. Gruppresor grundade grabbarnas genuint goda grisfestkunskaper. Godsaker, gissningsvis gurka, glass, givetvis grillad gris gjorde gillet gastronomisk.

Gästerna garvade gradvis: grabben, glömt genevern? Gode Gud, godtemplarmöte. Gästerna gjorde grimaser: genuint grisaktig grisfest. Grannarnas gemenskap, genomgående genuin, gjorde grisfesten godtagbar genom goda givmilda groggar. Gradvis gungade gästernas gräsplan.

Grabbarnas grämelse genuin. Grundläggande grundfadäs! Grillning genererar givetvis groggar, genomgående!

Göran grunnade: Goda. glada grannar genererar genuin god gemenskap, Gode Gud göm genevern! Göran gillade godtemplarstuk.

Gräsänder gödslade gräsplanen. Grågässens guppande genom gattet gladde Gösta gladeligen. Grisfestens grandfinale.

IIIIIIIIIIIIIIIIIIIIIIII

H

Hästens hus huserade hundratals hästar, hästägarnas hjärtedjur. Höga hinder, höga hopp hetsade. Hastighetslopp, hetsigt. Hästspelarna hurrade, hoppades, hoppade högt. Hektoliter hög havre hittade hästarna. Hygien, hälsovården hög. Högfärdiga hästägare honorerades hundrafalt. Hurrade, höga hurrarop hördes härifrån herrgården. Hästägarna hyllar hästarna helhjärtat. Hästarnas hjärnor! Hur hörde hästarna höga hyllningar, hurrarop? Hästarnas halskransar hedrar hästägarna. Hellre hö!

Hägern häckade hitom havsstranden, härlig händelse, himmelskt hänförande. Haren hoppade hage. Hackspetten hackade högljutt, hastigt Hemlängtan!

IIIIIIIIIIIIIIIIIIIIIIIIIIII

I

Intelligente islandsbon Indo inskrevs i igloon inklusive ishotellet i Indalen. Isbad inkluderades. Indo inväntade isbordets internationella ingredienser: inbakade isterband, ingefärsshot. Indo inmundigade ivrigt. Isbädden inkluderade insomningstablett. Insomnade ilsnabbt. Information inom Instagram: Ilsken isbjörn invaderar ishotellet. Indos infernaliska idé: Isterband, ingefära irriterar isbjörnar. Infriades. Ingen isbjörnsolycka inträffade. I Island instiftades internationella «Indos isbjörnar».

Isbjörnars isareor isoleras, intensifieras, ivrade Indo. Inga isbjörnar i Indien! Inga isbjörnsjägare i Ishavet. Islommen inväntar ivrigt isbjörnsjaktens inkråm.

J

Julitas jaktintresserade junior. Juli, jaktsäsong. John jagade järv. Jycken jagade Julius, jordägaren. Julius jurist jagade John. Jakträtten justerades. Jämmerligt, jämrade John. Jävla jakthund! Johns jänta, Julia, jublade. Jakt, jolmigt jippo. Jamen, jamsade John, juste jakt jaktutbildad, jaktlicens. **Jaktfalken, Johns juvel, januarinöjet.**

K

Knallebygdens kände kulturknutte Kalle, komponerade kalas. Kul kulturfest, kostade kulor. Kulturrådet klassificerade kalaset korrekt. Kulturanslag, kungarikets kronor kompenserade Kalles kostnader. Kungen kontaktade Kalle: kungafamiljen kunde komma kommande kulturfest, kronprinsessan kan kula, kronprinsen kan... kan köra... Kia. Kalle kramade kvinnorna kärleksfullt. Kalle konstruerade korsord, kuddkrig, knivkastning. Kalasbordet kantrade kulinariska komponenter. Komplett korvmeny konstaterades. Kostcirkeln kullkastades. Kallt källvatten kunde knappast kallas kanon, knappast kulturmässigt. Kalasets kvinnor, krävde Königsmosel. Knepiga kulturanalyser kräver kvantiteter karaffvin. Kritik konstaterades. Kaffe, kladdiga kanelbullar konsumerades knappast. Kalla kalaset kulturfest komplett korkat. Korsordet knivigt, kuddkriget knasigt, knivkastningen kuslig. Kalle: kontrade: Kul kultureliten kunde komma, Kanske kunde kokta korven kräva kompletterande kokning. Kulturministern kunde konstatera: knivkastning kombination kuddkrig kontraproduktivt.

Kalle kastade kvarvarande kost. Kajornas konsekventa kalasande kvarstod. Kråkorna konkurrerade. Kornknarren kom, knarrade, konsumerade knappast.

L

Landets landsbygdspolitik luftades länsvis. Landsbygdsministern lovar löftesrika, luftiga löften. Ligger lågt. Länen lurade, lurades. Landet långtifrån lagom.

Landsbygdsbefolkningen längtar långsiktiga lösningar. Löner, levnadsvillkor ligger labilt, löjligt lågt. Livliga löftesrika löften:

laxodlingens legitimitet, lasarettsvården likartad. Lokaliseringseffektivisering.

Logistiska lösningar lösningen: luftfarten luftas, ljudlösa linjeflyg lyfter. Långtradare lastar löftesrikt. Lokförare lovas långsiktiga löneförhöjningar. Läget ljust, lovar lobbyisterna.

Låt landsbygden leva liknar långsamhetens långbänk. Ladusvalan, lärkan, lövsångaren likaså lommen lyfter landsbygdens livskvalitet. Landsbygdens luftkvalitet luftar lungorna löftesrikt.

IIIIIIIIIIIIIIIIIIIIIIII

M

Miljardären murade murar mittför masterhuset. Maximalt minskat möte med människor modell medelklass. Meningsfulla meningsutbyten med minkförsedda madamer, mästerkockar, myglare, Miamiresenärer minimerade maximala miljön. Miljonerna multipliceras mångfalt. Mervärdeskatten mentalt missriktad. Mutor möjliga, möjliggör manipulation. Måste mätta mättas mer?

Maskdekorerade marxister mässade mot miljonernas makt, mörkläggning, maximal miljöförstöring. Militära metoder medgavs. Musiken manipulerande.

Måttfullhet missades mestadels. Medelvägen måste möta människorna. Mera makt åt medelsvensson menade medborgarna.

Mesarna mysiga, menade man, måsarna mästerliga metare. Medborgarna missar mestadels måsars, mesars mästerliga mix.

IIIIIIIIIIIIIIIIIIIIIIII

N

Nittioåringarnas nudistfest, numera nära Nävragöl, nalkades naturligt normalt. Nio nya nudister nynnade nyskrivna noter. Nattmatens nyttiga nötter, nyponsoppa njöts. Nyktra nubbar njutbara. Nakendansen nyttjades naturligtvis, närheten nåddes. Några nickade nattslöa. Nageltrång nonchalerades. Nostalgiskt nöje, noll nytt. Något naivt nynnade nittonåringarna.

Natten nalkades naturligt. Nattskärrans nachspiel noterades något. Noblessen näktergalen nattvilade.

IIIIIIIIIIIIIIIIIIIIIIII

O

Ordboken omredigerades. Omgjorda ordboken orsakade oro. Omoderna ord oidentifierbara, ordentlig omfattning. Olyckligt omtalade ordboksredaktören, oredan oförlåtlig. Osviklig omsorg om orden ovärderlig. Order: omredigering. Omsorg om orden oerhört optimal. Ordentligt ordbruk oslagbart. Osvikligt och objektivt! Ordens ofrihet oroar. Ordentliga områden omkring oss omöjliggör opposition. Oroväckande.

«Orda» ordenssällskap ordnade omtalade ordlekar och olika ordbrukstävlingar. Ordbrukare ordnar ordentliga ordvändningar, oslagbara och otroligt offensiva.

Ordbrukaren observerar ormvråken oroar orren om och omigen. Orrens orrspel oreserverat oförglömlig.

P

Pizzerian Pålsboda park presenterade perfekta pizzan: paprika, pepparrot, potatis, plommon, persika. Personalen presterade professionellt.

Pålsbodabor protesterade. Påfallande prishöjningar, promenerande pålsbodabor passerade pizzan. Provade prinskorv på pensionatet. President Putin på pålsbodabesök passade på provsmaka pizzan. Perfekt. Paprikan passade presidenten precis. Provianterade. Privatplanet passerade Polen, piloten provsmakade påpassligt. Prisade. Putins potentater provbakade. Provsmakade prudentligt. Prisades påtagligt. Perfekt. *Pravda*!!! Potentaterna presenterade Pålsboda: planetens pizzastad. Pålsbodas präst predikade: Putin planetens präktigaste president. Putins porträtt prydde predikstolen. Pizzabagaren prisade prästen påtagligt.

Påfåglarnas prakt prydde pizzakartongen. Pilfinken pickar pizzabitar. Prästgårdens papegojas påträngande prat plågade prästen.

Q

QuoVadis quislingar?

R

Reklambyrån Reko redigerade riktad reklam. Rikliga referenser refererades. Responsen rejäl. Reklamköparna: resebyråer, rörfirmor, riksdagspartier, revolverhandlare. Räkenskaperna redovisar rejäla resultat: realiserar riktiga reallönehöjningar, rejäla rikedomar. Reklamen reagerar, redovisar reaktioner.

Riksförbundet «Riv reklamen»:s representanter ryade: reklamera reklamen. Rutten, remarkabel. Reklamens resultat riskabelt, rysligt resursslöseri. Raka rör riktiga reklambudskap. ReklamTV riskerar redaktörskapets riktiga resultat.

Rödhaken ratade respektlöst reklambudskapen. Råkan råkade råka räven, rivalitet riskerades.

||||||||||||||||||||||||

S

Socitetsdamen Sophie Silverbak signalerade superb sommar-supé. Sofiero, Skåne säkrades som samlingslokal Sophie sände SMS. Samtliga skvallertidningar superintresserade. Släktingar saliga, sökte sina skräddare som skulle sy snofsiga, sladdriga sidentrasor. Sommarkvällen startade svalt. Solbrända snobbar slukade snittar, spillde skumpa. Snacksaliga, smilande systrar, sambor, särbo söker samtalsämnen. Smyckena skramlar. Supébordet samlar smaksensationer såsom svinlever, sylta, salta sillar. Supén smakade suveränt. Snapsglasen stora. Stämningen stiger, sällskapet sjöng snapsvisor samt Svinsta skär, Storfiskarvalsen. Sophie spelade Stardast. Samvaron stökig.

Samtliga såg solnedgången. Sexuell sensualism syntes senare. Somliga snarkade. Söndagsmorgonens sömniga släktingar sökte snabba samfärdsel snabbt. Storken signalerade sensation. Sälens spovar svängde söderut, skymtade silverblänkande Sundet, slutmål Sudan. Storfjället siktar snart snö. Sälens sommardröm: Spovens sjungande sommartid.

T

Tore tillhörde tranåsbornas tvivelaktiga toffelhjältar. Tokig till tusen. Träffade tilltalande tjejer torsdagar. Trivsamt tryckande, tittade trånande. Tore tillhörde tjugoåringarna, tillbringade tiden till tennis, travsport, tokerier. Tore tog taxi till Torekov, traskade tvärsöver torget till tavernan. Tore törstade, trodde tavernan tröstade. Tog tranbärssaft till torsken. Torskade. Tavernaägaren tvingades tingföra Tore. Tore tillbaka till torsdag _tjejträffen! Tore tittade travsport till tiotiden. Tog tre TT. Tvingades till toaletten. Tröttnade. Tyckte torsdagen tolerabel. Tingsrättens tokerier tänkte Tore totalnonchalera.

Tranornas trad till Torneträsk tilltalade tranårsborna, tittade troget. Tore trotsade. Tranorna tog tillfällig tillflykt till Tåkern. Tranåsborna tog tåget till Tåkern, tittade tålmodigt till talrika tranors traditionella trandans.

IIIIIIIIIIIIIIIIIIIIIIII

U

Ukas utfärdas: Uppsala universitets underläkare utbildar undersköterskor. Universitetslärarna utomordentligt utbildade utom urologi. Undervisningen utföres utomhus under uggleträdet utanför Ultuna. Undersköterskorna uppskattade undervisningen. Utomordentlig upplyftande.

Uppgifterna utdelades. Uppsatserna undersöktes. Ursula underkändes, underkände undervisningen. Umeå universitet unikt, uppenbarligen utomordentlig undervisning, uttalade Ulrika ursäktande. Utbildningsministern uppskattade Uppsalas upplägg, uppmuntrade undersköterskornas utomordentligt unika uppgifter, uttryckte uttryckligen uppskattning. Undantaget, urologin. Utan urologikunskaper undermålig undervisning. Ulrika undrade.

Ultunas ugglor uppträdde underhållande, utseendet unikt, undrande. Universitetsaulans undulater uppmuntrar unkna universitetsföreläsningar.

IIIIIIIIIIIIIIIIIIIIIIIIII

V

Vilhelminas valkrets väntade valresultat. Vuxendemokraterna visade veritabel vinst. Valgeneralen Vilhelmina vann välförtjänt. Valprogrammet visade välstekt valfläsk. Valstugorna, valmöten var väldigt välbesökta. Viktigt, väsentligt var Vetebrödsskatt, vegansubventioner, vänstertrafik. Valvakan var vräkig, vitaminrik, varierande vita viner valdes. Valvinden ven. Visade vinst. Vilhelmina vinglade, välte vinglaset. Varsamheten var väck. Valvakansdeltagarna vakade vidare vid Vilda Wästern variant. Vinnaryra! Vilhelmina ville veta varför Vuxendemokraterna valde vänstertrafik. Väljarna ville visa vänorten Wales välvilja, var valanalysen. Välståndet växte vidare. Vilhelminas välvillighet visade vidsyn.

Vuxendemokraterna valde Vilhelmina: välståndsminister. Vassa visioner visade växande välstånd. Vapendepån vidgades väsentligt, vapen viktiga, visar världsfred, världsgemenskap väntade.

Världshavens valar vandrar vidare. Vilka valfuskar? Valen? Vuxendemokraterna? Vetenskapen vill veta.

Viggen vilar vid vassviken. Vacker vy. Valar, viggar viktiga välståndsförutsättningar.

X

X-et xylofonerade.

Y

Ynglingen Yngve, yllekládd yrkesman, yoggade ymnigt. Yrkesmannen ytbehandlade ytor ytterst ypperligt, yrkesmässigt. Yngve yrkade ytterligare yttrandefrihet.

IIIIIIIIIIIIIIIIIIIIIIIII

Z

Zinkhyttans zigenare zoomfotograferade Zetterlund, Zetterling Zetterström.

IIIIIIIIIIIIIIIIIIIIIIIII

Å

Åklagaren åtalade Åke. Ålfiskat åtta ålar. Ålfiskebrott. Åke åt åtskilliga ålrätter. Åkes åsikt: återerövra ålfiskerätten, åtgärda åtalet. Åtala åklagaren! Återuppta ålodlingen! Årtusenden ålade ålarna åt ålhavet, åt åarna. Åhus återkommande ålagille återstod.

Åke åstundade ådans årliga återkomst.

IIIIIIIIIIIIIIIIIIIIIIIII

Ä

Ängelholms ängel, ämabla änkan Ädla älskade äldre änklingen Ärling. Ädlingen. Ärkebiskopen: äventyrligt, äskade äktenskapsförbud. Ängelholmsbon: äktenskapet är ärligt, även äkta. Älska äldre är ärbart. Äldreboendet Ätrans äreport ärade äktenskapet. Ärtsoppa, äpple, ädelost, är äldrefestens äkta ädla ära, änglamat, ämnat äldre. Älskog ändade äventyret!

Ängens ärlor äter ädlingens äpplen. Älgen äter ängens ätbara ämnen, ävlas älskade ädelskogen.

Ö

Överste Öberg, ökänd, övade östrekryter ön öster Öresund. Övningarna överambitiösa, överdrifter ödelade önskvärda övningsresultat. Övertramp överhuvudtaget! Överraskningen: öltunnan öppnades, ölet överflödade. Ömsesidigt örfilskrig öppnades. Ömkligt! Öronsprång, ögonblånader ömmade örekryterna. Översten överförfriskad. Överbefälhavaren överraskade. Önskade översten ödesdigert öde

Örnarnas öppna ögon övervakade övningen, önskade överta övergivet öringrens. Örnens överflygande över övningsfältet överraskar, överträffar överstens övningar.

Lene Bordorff

Betragtninger fra en tagterrasse

- i vinterhalvåret

Forlag: BoD – Books on Demand,
Hellerup, Danmark
Tryk: BoD – Books on Demand,
Norderstedt, Tyskland
ISBN: 9788743087137

Forord

Det er udsynet fra tagterrassen og de ting, der både finder sted på terrassen og i den omkringliggende natur, som er omsat til denne lille digtsamling.

Selvom om vinteren ofte holder én inde – er der masser af liv derude, som også har været en rigtig god inspirationskilde.

Digtene er tænkt som en lille pause fra dagligdagens skærme iblandet lidt humor og genkendelighed måske...

Kig op!
Kig ud!
Kig på verden - i den virkelige verden!
Kig dig omkring!
Kig!

Indhold

Søde sager

Stilhed

Lyden af sne

Tankespind

Snedigt - snedigt

Glæd dig!

Tak for vintertid

Urene stilles tilbage

En ekstra på øjet vi får

Nu kommer de stormfulde dage

Mod vinteren atter vi går

De stærkeste farver som baggrund

Det smukkeste syn foldes ud

Vi traver i blade på skovbund

Den skønneste gave fra Gud.

Hygge

Tid til at hygge sig inde

hvor levende lys bliver tændt

og sider skal læses til ende

i stilheden bliver de vendt

Den sødeste trang er at finde

Den varmeste kop er i gang

Vi nyder at sidde herinde

og synge en højskolesang.

Vintermørke

Mørket er ikke en fjende

men mere en kærkommen ven

som menneske må vi erkende

når lyset det kommer igen

I gråtunge skyer med regnen

er længslen din bonkammerat

En årstid der udfordrer sjælen

er både for stærk og for sart.

Uden dig!

Vinter du kalder på tanker
om livet og håbet fordi
I afmagten kaster vi anker
Du er som et skønmaleri
Din mørkeste tid vi erindrer
men da finder våren sin vej
En glæde du virksomme vinter
vi ikke kan få – uden dig!

Snefnug

At nå og stå
og betragte jer snefnug
Hvor I pryder
hver en stub
hvidt klæde I byder
I kommer væltende
eller drysser stille ned
i stilhed
I jer lægger
som en tyngde dyne
over spirende vintergækker
der snart vil komme helt til syne
I kulden dét varmer at tænke på.

Juletræ

På siden lige i hjørnet dér

ligger du henslængt på terrassegulvet her

Du som juleglæde bragte

Du som højt mod loftet dig strakte

Reducerende i friskhed

Dryssede i stilhed

Over pynt og pakker - måske i stakker

Kære gran nu ligger du brak

Farvel og tak for denne gang

Men Juletræ

nu giver du læ til selv de mindste kræ

Godt gået

Så gør du sandelig stadig noget.

Det var kattens

Står og puster til urteteen

Ud af vinduet jeg kigger

Bemærker

potespor i sneen

De dukker op

efter en kattekrop

Kun fordi

der faldt lidt sne

Det var kattens.

Krukkerier

Så viseligt

mine krukkerier

med spiseligt

overvintrer og spirer

Det gamle løv

lægger sig som låg

Men tøv

Åh

Rigt

Forunderligt

Livet *er* tilstede

Jeg næsten må græde

- af glæde.

Haglby(g)en

Alting visner

I kulde mennesker gisper

Hov!

Hvem dér?

Sjov

lyd

især

når haglbygen

popper byen.

«Kong Vinter»

Kærlighedens Konge med og uden torne

Glædens melodi i Danevang skal tone

Hele Danmarks Konge med og uden krone

Hjertets poesi fra fællesskabets trone:

Samlet, fædrelandet føre

Sammen, favnet af det større

**"Forbundne, forpligtet, for Kongeriget Danmark!"*

*Kong Frederik X's Kongeord ved kroning 14.01.2024

Alge!

Alge!

Din kanalje!

En slet skjult detalje!

Selv på en murerbalje!

Din iver kalder på en fortjenstmedalje!

Dog enkle steder går fri for en grønalge:

Frøkenens hvepsetalje!

Dior

Lyset

Lyset eller mangel på samme

gør mine tanker tamme

Kom igen

min universelle lyse ven

Jeg længes i sidstningen

til mere lys på nethinden

Du trækker mig i gang

som en anden god BothWays sang:

"Vinterhi"

Hi, hi

Ha, ha

Ho, ho

Den er go':

Vinterhi (BothWays - kan googles)

Kolde nætter iskrystaller sommertid er endt

Vinter efter løvet falder blade bliver vendt

Jeg må standse op og mærke min krop

der siger STOP hvor tanker presser på

Min sjæl og jeg går i stå

Spæde solstrejf frost på tage

trækker mig afsted

Vinterdage er tilbage

Kulden følger med

Men lyset er stærkt

det løfter mig op som morgengry

Det letter mig svært

at finde min vej igen på ny.

Søde sager

Der er som om
man drages af søde sager
når vintermørket tiltager
Kom kom kom
Put chokolader i mund
Hvilken lyksalig stund
Jeg bliver dog rund
og usund
MEN glad i låget
Dét kan også noget
Så pyt skidt!
Det var så lidt...

Stilhed

Schyy!

Lyden af sne

Man ser den - ih

Man mærker den - uh

Man smager den - ah

Man leger i den – oh

Man kører fast i den – åh.

Find selv på flere...

Tankespind

De stille blikke med strejf af kulde
fortæller mere end kolde ord
som revnerne i en kagerulle
der opsnapper alt på et køkkenbord
I lyset fanges så trofast støvet
der drysser sirligt og fint som sne
Er verden i dag mon kun bedrøvet?
Den tanke presser sig på som en ve!

Snedigt - snedigt

Kold sne

Snekold

Glæd dig!

Efter vinter kommer vår

- år efter år...